モーリイ鉄道
Molliの魅力

「狭軌鉄道」── 線路の幅が狭いというだけで
鉄道がグッと身近かな存在になってくる。

「狭軌鉄道」の車輛は人間の背丈に近い　＊1
　　細い線路は等高線に逆らうことがない　＊2
　　そしてどこか懐かしく心和ませてくれる。

世界は広い。
いまも走っている「狭軌鉄道」がある
いまも 蒸気機関車の走る姿を見ることができる。

蒸気機関車の走る　世界の「狭軌鉄道」

＊1）線路幅が小さい分そこを走る車輛も小さい。だが、乗車する人間は小さくは
　　できないから、車輛はどこかアンバランスな面白さがある。だから時には、客車
　　の中では向き合って座るお客さん同士のヒザが触れたりして、ココロ和まされる。

＊2）トンネルや鉄橋で一直線に結ぶのでなく、自然に逆らうことなく等高線に沿い
　　クネクネと曲がって進む線路は、どこか慎ましやかでココロ和まされる。

石畳の路面を走る蒸気機関車…
カランカラン… 警鐘を鳴らしながら
お店の軒先をかすめるように
通り過ぎていく「路面汽車」
いまも人々の足として時空を超えて走る
ドイツ北部の モーリィ鉄道

町並みを抜け線路は郊外に向かう
この鉄道には蒸気機関車しか走らない
土日運休の列車もある
それだけ実際の通勤通学に
　　使われているということだ
地元の「足」として
保養地ハイリゲンダムへの観光鉄道として
人気の モーリィ鉄道

狭い線路は心が和まされる

線路の幅は900㎜

ドイツ語で Kleinbahn つまり「軽便狭軌鉄道」

19世紀に敷かれた線路を

コッペル社製の蒸気機関車が走る

いかにもドイツ モーリィ鉄道

終着駅 キュールングスボルンには
小さな鉄道博物館がある
といっても機関車が1輌あるだけ
「足」であり観光鉄道でもある
基本的に機関車など機械ものの好きな
蒸気機関車は永遠のアイドルのように
　　　　　　　　　ドイツの人々のこと *3
　　　　　　だいじにされているのだった

ドイツの小さな鉄道 モーリィ鉄道

＊3） 機関車だけでなくカメラもクルマもドイツものは独特の充実感がある。無骨だけれど丈夫で長持ちする。製造クウォリティの高さといおうかモノづくりへの情熱といおうか、ドイツものの持つ独特の存在感は、熱心な愛好者を有しているようだ。

モーリイ鉄道とドイツの狭軌蒸機鉄道

「世界の狭軌鉄道」05

もくじ

- ● モーリイ鉄道　Molli の魅力　　　　　　　**001**

- ● モーリイ鉄道とドイツの狭軌鉄道とは　　　**014**

- ● 街を抜け保養地へ　Molli、汽車の旅　　　　**019**
バード・ドーベラン駅／駅前通り交差点／ホテル「ドーベラン・ホフ」／ドーベラン市街中央駅／モーリイ通り／ゲーテ通り／レンバーン駅／ハイリゲンダム駅／ハーバーと乗馬クラブ／キュールングスボルン東駅／キュールングスボルン中央駅／終点、キュールングスボルン西駅

- ● ドイツの狭軌蒸機鉄道　11 鉄道のダンプツーク　**071**
ドイツの 11 鉄道／リューゲン軽便鉄道／ハルツ狭軌鉄道／ドールニッツ鉄道／フィヒテルベルク鉄道／レスニッツグルント鉄道／ヴァイセリッツタール鉄道／プレスニッツタール鉄道／ツイッタウ狭軌鉄道／ムスカウ森林鉄道／キムゼー鉄道

- ● ドイツの狭軌蒸気機関車　　　　　　　　　**130**
いまも走る Typ99 ／標準機 1E1 タンク機関車／マレー式とメイヤー式機関車／ 900mm 軌間の 2 型式／その他の雑形蒸気機関車／ 600mm 軌間の 2 輛

MOLLI 鉄道とドイツの狭軌鉄道とは

　21世紀のいま、ドイツは蒸機鉄道を維持している数少ない国のひとつである。保存、観光目的というだけでなく、一部は毎日運転、しかも蒸気機関車だけでの運行が行なわれているのだから、素晴らしいというべきであろう。考えてみると、ドイツは早くから世界に冠するアウトバーンをはじめとして道路が整備され、陸上交通における自動車の環境もまた一級のポジションを得ている。にもかかわらず、一方で蒸気機関車の生存をも許しているのだから、その懐の深さというか民度の高さには或る種の敬意を表させられてしまう。

　本書の主題である狭軌鉄道、いまも見られる蒸機鉄道という枠を設けて見回してみると、11もの鉄道の名前があがった。限られた日にしか運行されていないものもあるが、日程さえ合わせれば誰もが訪問し、楽しむことのできる鉄道である。

● ドイツ鉄道のうつりかわり

　19世紀の前半まで、ドイツはいくつもの小さな王国や公国からなるドイツ連邦であった。ドイツ帝国が成立するのは1871年のことだが、その時点でも鉄道は各連邦によって運営されていた。たとえばプロイセン邦有鉄道、王立ザクセン鉄道、メークレンブルク大公国鉄道など、主なものを数えるだけでも十指に余るほどであった。

　機関車はじめ、もともとは1838年に英国からの輸入資材でスタートしたドイツの鉄道であったが、持てる技術力の高さが早くも発揮され、高性能な機関車の開発など目覚ましい進歩を遂げる。19世紀の終盤は、ドイツ各地に鉄道敷設の気運が高まった時期である。ひと通りの幹線によるネットワークが完成したのを受けて、その幹線から各地方へというより、幹線から延びた支線の先にあるというような小鉄道も多く敷設された。地方の街にとって、鉄道が通っているというのは大きなプライドになったのだ。

　ようやく統一された「ドイツ国営鉄道（DR）」が発足するのは第一次大戦後の1920年になってのこと。それはさらに1924年には公共事業体「ドイツ国有鉄道

（DRG）」に進化する。膨大な数の、しかもそれぞれがバラバラに発展してきた鉄道や車輌をきっちり整理統合するのは、大変な作業であったにちがいない。「狭軌蒸気機関車はみんな99型」という一見無謀な采配が振られたのもこの時期であった。

　しかし国家の持てる力をひとつにした「DRG」によって、一層目覚ましい進化をみせ、たとえば名機といわれる「01」型蒸気機関車などの傑作もこの時期に誕生している。まさしく脂の乗ったドイツ鉄道、といった感じであった。

　第二次大戦では大きな打撃を受け、1949年には「西ドイツ（ドイツ連邦共和国）」と「東ドイツ（ドイツ民主共和国）」に分断される。鉄道も当然ふたつに分かれ、まずは1949年に東ドイツ側の「ドイツ国営鉄道（DR ＝ Deutsche Reichsbahn）」が、少し遅れて1951年に西ドイツの「ドイツ連邦鉄道（DB ＝ Deutsche Bundesbahn）」がつくられた。そしてここから40年ほどの間、東西の大きな格差とともに時が流れることになる。

東西ドイツと現存狭軌鉄道

かつて東西に分かれていた時代のドイツに、現在も残る11の蒸機鉄道をプロットしてみた。ひとつを除き、狭軌鉄道はすべて東ドイツにあった。

● モーリイ鉄道の歴史

ドイツ北部、バルト海にほど近い街、バード・ドーベランを起点とする狭軌蒸機鉄道として、毎日運行しているモーリイ鉄道。メークレンブルク・バーデルバーン・モーリイ（Mecklenburgische Bäderbahn Molli：MBB）というのが正式名称であるが、一般にはモーリイ、モーリイ鉄道で通っている。メークレンブルクというのはこの地域を治めていたメークレンブルク大公国のことで、この地域のかつての名前がしっかり鉄道名で使われているのは、その歴史の長さゆえのことでもある。

モーリイ鉄道はドイツ帝国が成立して間もない時期、まだまだかつての大公国の力が大きかった1886年7月に第一歩が印されている。ドーベラン〜ハイリゲンダム鉄道（DHE）として6.6kmの区間を、スティーム・トラムで運転したのがはじまり、である。スティーム・トラムだから、まさしく路面汽車として歴史をスタートさせたのである。もともと、バルト海の保養地として要人などを含め、欧州各地から多くのひとの集う街、ハイリゲンダムであったから、ドーベランからの交通として、いち早くトラムが敷設されたわけだ。生まれながらのリゾート・トレインの性格であった。

現在の終点であるキュルンクスボルンまで延長され、路線がほぼ完成したのは1910年5月のことである。そして、それまで保養地ということで夏のシーズンのみの運転だったのが、通年運転となり同時に貨物運転もはじめられた。交通機関として認知された、ということであろう。

機関車もスティーム・トラムに代えて、T7型と呼ばれるヘンシェル社製の小型Cタンク機関車が3輛用意された。プルシア鉄道の有名なT3型に準じた13t級の蒸気機関車である。

こののち、1920年代には国有化されるわけで、この機関車も国鉄型式をもらい99 30型99 301〜303となった。

キュルンクスボルンはドイツで初めて開拓された保養地といわれるだけあって、利用客も多く、モーリイ鉄道は1932年に新型機関車が投入される。それがいまも主役として働いている99 2321〜2323、当時の99 32型99 321〜323である。コッペル社製、製番12400〜12402という45t級の1D1タンク機関車であった。

第二次大戦後、ソヴィエト連邦に接収され、その後東ドイツとして時間を過ごすことになるが、西ドイツほどではないにせよ、自動車をはじめとして交通の主役は道路に変わりつつあった。残っていた狭軌鉄道の多くが標軌の貨車を台車に載せて直通運転していたりしたが、モーリイ鉄道の場合、例のバード・ドーベランの路面汽車部分の建築限界が狭く

```
Ostseebad Kuhlungsborn
東海キュールングスボルン保養地
                    Fulgen
West 西              フルゲン
    ○   Mitte  ○ 
        中央    Ost
            ○   東      Steilkuste
                        シュタイルクスト
                    ○              Heiligendamm
                                   ハイリゲンダム
                                        ○

                                                    Rennbahn
                                                    レンバーン
                                                        ○

                                                    Bad Doberan
                                                    Goethestraße
                                                    ドーベラン保養地 ゲーテ通り
                                                            ○
                                                    Stadmitte 街中央
                                                            ○
                                                    Bad Doberan
                                                    ドーベラン保養地
```

て無理だったうえ、トラック等の発展により1960年代末には旅客専用になった。

そんななか、幾度か廃線の噂も立ったというが、ドイツ統一後、観光も兼ねた蒸機列車鉄道として「第三セクター」方式での存続が決定、「メークレンブルク・バーデルバーン・モーリイ」としてこんにちに至っている。

● 現在のドイツ狭軌鉄道

数えたら11の狭軌蒸気鉄道があって…と書いたけれど、そのなかでモーリイ鉄道はいくつかの点で特徴的な存在だ。

本書で採り上げた11の鉄道のうち、8鉄道は毎日運行されている蒸機鉄道といっていいものである。改めて、その数に驚くとともにドイツという国の、モノや歴史に対する思いというか、大切にすべきものの機微が広く浸透していることを感じる。とくに保存展示物といった感覚ではなく、気負いのないごく自然なものとして蒸機列車に対応している姿は、自然に歴史的建造物が残されている古都などとも共通する奥深さを思わせるのだった。やはり毎日運転というのは、大きなことにちがいない。

ドイツの狭軌鉄道というと、すぐに「ハルツ狭軌鉄道」の名前が挙がるが、それは1000mm軌間で3つの路線、延長130kmに及ぶ大規模なものである。リストを見ると「99 23型17輛、99 60型1輛、99 61型2輛、99 59型4輛」計24輛もの蒸気機関車が在籍している、とある。

通常使われているのは99 23型ばかりだが、マレー式機関車などの存在も興味が深い。

一方、主流といえるのは750mm軌間、わが国の「軽便鉄道」の標準であった2フィート6インチ（762mm）に近いゲージの鉄道だ。それらにも「標準機」というべき制式機関車が投入されており、いかにもドイツ・スタイルというべき情景を演出している。それらとは別に、もとザクソン鉄道で愛用されていた「ザクソンⅣK」型、B-Bメイヤー式蒸気機関車が残されており、これまた興味深い対象となっている。

そんななかにあって、モーリイ鉄道は唯一の900mm軌間。制式機関車というべきものではあるが、独自の1D1タンク機関車が走る。1932年製の3輌、というのは前に述べた通りだが、1輌の増備が行なわれている。それは99 3234のナンバーをつけているもので、なんと2008年製というから驚かされる。マイニンゲンにある博物館工場で、「50年振りに新製された蒸気機関車」と大きな話題になった。まだまだ機関車製造技術力が維持されている、というだけでなく、ドイツのモノづくりに対する意欲の大きさ、といったものまで見せつけられた思いがしたものだ。

21世紀に走りつづける蒸気機関車。ドイツにはその確かな土壌があるということだ。

街を抜け保養地へ

Molli、汽車の旅

BAD DOBERAN
■ バード・ドーベラン駅

　モーリイ鉄道の起点はバード・ドーベラン。バルト海に面し、ドイツ東北部の中心地、ロストックから15km西に位置する。標軌のウィスマー・ロストック鉄道との接続駅でもある。

　メクレンブルク・フォアポムメルン州に属する旧くから保養地として栄えてきたところで、バード・ドーベランの「バード」とはリゾート、温泉の意、かつてはドブラン（Dobran）と呼ばれた。

　モーリイ鉄道にとっては、車庫や工場などの設備があり、メインの「基地」としての役も果たしている。

　プラットフォーム上に駅舎があるスタイル。標軌の列車が発着する同じフォームの反対側にモーリイ鉄道の線路がある。

　ベルリンの空港からクルマで2時間あまり、到着したときには、すでにモーリイ鉄道の列車がフォームに待機していた。キュールングスボルン行の下り列車は、機関車が逆向運転をする。機関車はいかにもドイツ、といったスタイリングの1D1タンク機関車。付近を散策する間もなく、列車は軽快なドラフト音とともに発車していった。

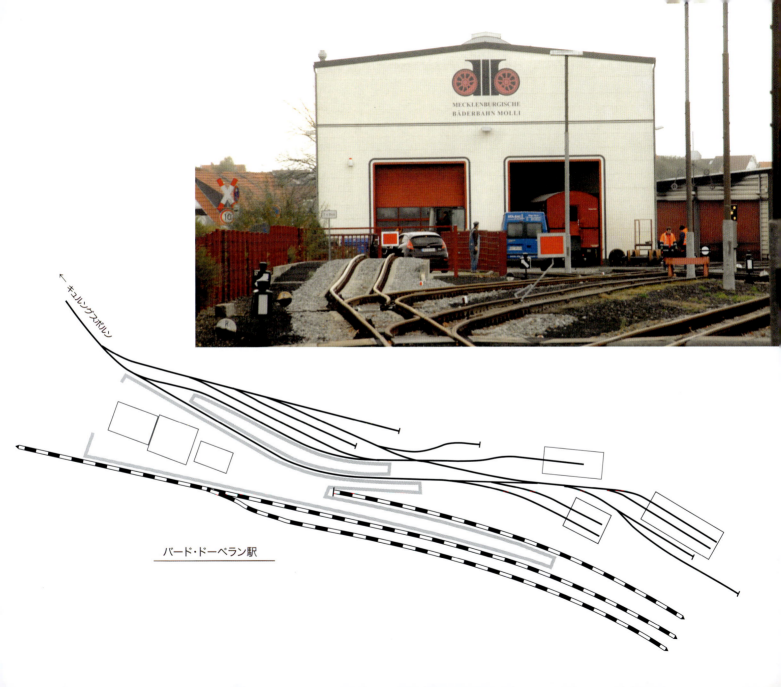

←キュルングスボルン

バード・ドーベラン駅

KREUZUNG TRAM
■ 駅前通り交差点

　L13「駅前通り」とB105「ロストック通り」が交差する大きな交差点。その真ん中を斜めに線路が横切っている。その情景はとても新鮮なものであった。初めて目にする光景。しかもそこを、近代的な乗用車やトラックの流れを停めて、蒸気機関車の牽く列車が走るというのだから、この一点についてだけでも、行ってみる価値のある鉄道といってもいいほどのものであった。
　1、2、3…　数えたらこちらから見えるだけでも5つもの信号が点灯している。それが一斉に赤くなるのを待って、汽笛一声、交差点の手前で待機していた蒸気機関車は静々と交差点に進み出て行った。

DOBERANER HOF
■ ホテル「ドーベラン・ホフ」

　ちょうど「駅前通り交差点」が見通せるところにホテルを発見した。ホテル「ドーベラン・ホフ」。予約もなにもなかったが、とりあえずフロントを訪ねた。
「今晩から2晩、部屋は空いていますか？　それとお願いがあります。線路の見下ろせる部屋に泊めてもらいたいのですが…　」
　幸運にも部屋は空いていた。そこはキッズ用のベッドも備えた家族用の屋根裏部屋なんだけれど、いいかな？　宿泊料は普通のツインでいいよ。
　普段着のフランクなお兄さんとそんなやり取りの末、三角天井の素敵な部屋の住人になった。出窓に置かれたスタンドも趣きがある。猫足のバスタブも心地よかった。朝の列車、夕暮れの最終列車、小さな窓からカメラを差し出すようにして写真を撮った。すっかりお気に入りのホテルになって、満足の夜を過ごしたのであった。

見上げた空には月が出ていた。

031

BAD-D STADTMITTE
■ ドーベラン市街中央駅

　大きな日除けパラソルが並ぶオープン・カフェ。朝食時間から多くの人で賑わうバード・ドーベランの中心のひとつだ。バード・ドーベラン行の列車が、狭い商店街を通過してきた「路面汽車」線路の終わりに位置する。実はそこが「バード・ドーベラン中央停留所」なのであった。カフェの向かい、街灯の下にそれを示すプレートがあった。

　本当に汽車はここで停車するのだろうか。カランカランという鐘の音がだんだん近づいてきた。と、さっきまでお茶を飲んでいた母子がやおらヴィデオ・カメラ片手に飛び出してきた。どこかからの観光客なのだろう。地元の人たちは、いつもの情景に特別反応を示すこともなく談笑をつづけている。

　列車はきっちりと停留所に停まると、なん人かのお客を降ろしてふたたび走り出す。ヴィデオの親子はもうテーブルに戻って、列車を見送ることはなかった。

MOLLISTRASSE
■ モーリイ通り

　モーリイ鉄道のハイライトといっていい「路面汽車」部分の通りは、モーリイ通り（Millistraße）と呼ばれる。線路の両側にはずらりと商店などが並び、人通りも少なくない。建物は時代調和がよくとられていて、看板を眺めて歩くだけでもちょっとした観光気分が味わえる。

　とはいっても、地元の人たちにとっては日常の買いもの通り、賑わいは途絶えることがない。ベルジアン・ロードという欧州によくある石畳。そこに900mmゲージの線路が走っているのだから、列車なしでこの情景を見ているだけでもうれしくなってしまう。ときにSカーヴを描いたり、歩道ギリギリに寄ったり、線路そのものに表情があるように思えるのは単に鉄道好きだから、なのだろうか。

　やがて、通りの向こうの方から微かに鐘の音が聞こえてくる。「路面汽車」区間では通る人やクルマに注意を促すよう、鐘を鳴らしながら走るのだ。鐘のあとからドラフト音。そして、最後にヘッドランプを灯した蒸気機関車が姿を現わすのだった。

039

GOETHESTRASSE
■ ゲーテ通り

　モーリイ通りの商店街がひと区切りついたところ、セヴェリン通りが横切ったところから先は「ゲーテ通り」と名前を変える。商店はレジデンス中心に変わり、通り両側の雰囲気も一変する。

　少し走った先には「バード・ドーベラン・ゲーテ通り停留所」が設けられている。

　それにしても、こんな情景の中に暮らしていたらどうだろう。停留所は周辺のレジデンス住人の便を図るものなのだろう。通り過ぎていく列車が時計代わりになったりするのだろうか。鐘の音や蒸機の排気音は耳障りになったりしないだろうか。列車を待つひととき、あれこれ想像を巡らしていた。

046

RENNBAHN STN.
■ レンバーン駅

　しばらく街並のなかをそろそろ走っていた列車が速度を速め、気持ちよい客車のジョイント音が響きだした、と思ったら車窓も一気に開けていた。機関車ももう鐘は鳴らしていない。
　左側は広い緑の草原が広がり、右側には並木を挟んで道路が並行する。ちょうど季節的には秋の紅葉シーズン。ハラハラと落ち葉が開け放たれた窓から客車内入ってきたりする。草原の側に線路が分かれたと思ったら、そこがレンバーン駅であった。
　駅といっても、そこにはしっかりとしたプラットフォームが見当たらない。「路面汽車」部分が駅名標ひとつの停留所風情であるのは解るけれど、ここはどうなのだろう。分岐された側線はほとんど使われていないような… いや、それよりなにより、この駅を利用するお客さんはいるのだろうか？ 周囲になにもない、列車も停車はしたものの、誰も乗り降りすることなく、走り出して行った。

HEILIGENDAMM
■ ハイリゲンダム駅

　モーリイ鉄道の沿線で随一の観光地といえるのがハイリゲンダムだ。2007年に「第33回主要国首脳会議（G8サミット）」が開催された街。そういわれれば、そのときハイリゲンダムってどこだろう？　とちょっと興味を持ったのではあるまいか。

　そのサミット開催時、モーリイ鉄道は警備などの理由で運休した、という。

　ハイリゲンダムはバルト海に面したドイツ最古のリゾート地として知られるところで、旧くは1793年、当時のメクレンブルク大公国のフリードリヒ・フランツ一世が滞在したことにはじまり、ドイツのみならず各国の皇帝や貴族が夏のリゾートとしてこぞって訪れるようになった。その名は自然と高まってくる。

　近年は「グランドホテル・ハイリゲンダム」をはじめとして、白い趣きのある建物が並び、「海辺の白いリゾート」として、憧れの観光地となっている。

　モーリイ鉄道のハイリゲンダム駅はリゾートの裏側というような位置に、東西方向に設けられている。しっかりとプラットフォーム2面の駅らしい駅だ。交換も可能な駅だが、いまでは一列車が往復するのみになっている。

052

FULGEN
■ ハーバーと乗馬クラブ

　バルト海に沿ってリゾートを走るモーリイ鉄道だが、意外なほど海辺を走るというシーンはない。海からホンの数百 m というところを走っているのに、海岸線とほとんど平行に走ってなかなか海の見えるところには出くわさないのだ。
　辛うじてフルゲンの駅近く、築堤越しに「キュールングスボルン・マリーナ」のヨットのマストが見える。築堤を走る車窓からも家並の向こうに青い海と数多くのヨットが見えているはずだ。
　バード・ドーベランからやってきた列車は、このマリーナの情景が見えて間もなく左にカーヴして海から離れてしまう。ハーバーに至る手前、海の反対側には乗馬クラブがあって、草原に放たれた馬がいたり、緑の美しさにうっとりしたりして、ともすれば海を見逃してしまったりしそうになる。
　こんな美しい情景、いつまでもつづけばいいのに。列車は街並に呑まれてしまうのだった。

054

KÜHLUNGSBORN-OST
■ キュールングスボルン東駅

　キュールングスボルン、ただしくはオストゼーバード・キュールングスボルン、つまり「バルト海保養地」「シーサイド・リゾート」といった趣きのある街。それも1860年代にはすでに開発されようとしていたという、ハイリゲンダムと並んで、ドイツでも旧くからのリゾートのひとつといわれているところだ。1938年に3つの町村の合併によって誕生、3羽のかもめが飛ぶ街の紋章はそれを表わしている。

　バード・ドーベランから北西に15km、この街にモーリイ鉄道は3つの駅がある。まず最初に到着するのがキュールングスボルン・オスト、つまり「東駅」である。海の薫りが車窓に飛び込んでくるほどのバルト海近くの線路。建物もいかにもリゾートの雰囲気である。築堤を下って左に大きくカーヴ、そのまま街中に入って、ドーベランナー通りの大きな踏切を越えた先に「東駅」がある。

　キュールングスボルン・オストは、交換設備のある比較的大きな駅であった。

　駅よりもその前後の築堤部分が撮影ポイントとして、いろいろな角度で楽しめたのだった。

058

059

KÜHLUNGSBORN-MITTE
■ キュールングスボルン中央駅

　もうひとつ、モーリイ鉄道には「路面汽車」区間がある。それは「キュールングスボルン中央停留所」を挟む区間。センターラインもある通りの左側を線路が走っている。キュールングスボルン東駅を出た列車が右に左にとくねったあと、右側からやってきたシュトランド通り（Strandstraße）の端に飛び込む。モーリイ通りとちがって、ここは幅広い郊外の舗装道路。下り列車は右側通行のクルマと至近距離ですれ違って走る。

　しかもその道路の途中で中央停留所があるのだ。歩道上には待合室まで設けられている。そして、その先からシュロース通り（Schlossstraße）と名前が変わって、ホンの数百ｍで「路面汽車」区間は終わる。

　ここが忘れられない場所になったのは、その停留所近くにあるレストラン。「漁師料理マイショール」というお店だが、なにしろ目の前を線路が通っているのだ。次の列車がやってくるまで、カレイの唐揚げをはじめとする美味なる料理にしばしの憩いの時間を持ったのだ。

　そして、表に出たら… やってきたのは「Bäder-Express」という列車風の観光自動車。なんでも市内ツアーなどを行なっているのだそうな。思わぬ面白いものの出現に、いっそうこの地が印象深いものとなったのだった。

KÜHLUNGSBORN-WEST
■ 終点、キュールングスボルン西駅

終着駅はキュールングスボルン・ヴェスト、すなわち西駅である。バード・ドーベランから15kmあまり、45分ほどの列車旅は終わりを告げる。

キュールングスボルンの街は駅を境に北は商店など、南は住宅地がつづく。駅はそのどちらからも隔離されたような静けさのなかにあった。到着した列車はフォームに横付けされた客車を残し、機関車が引上げ線を行き来して入換える。この駅にも機関庫などの設備があるが、機関車はその先の給水塔で給水しただけで、もと来た道に引き返して行くのだった。

駅の引き込み線を使って、小さな「ミュージアム」があると訊いていたが、なんのことはない、かつて使われていた99 33型99 322号機が展示物として、小さなディーゼル機関車とともに置かれているだけであった。

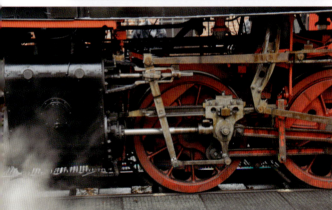

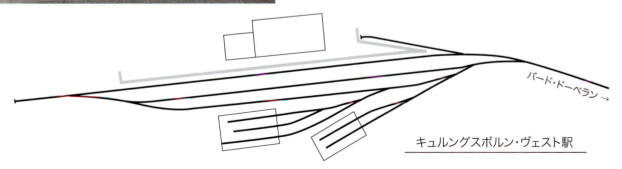

キュルングスボルン・ヴェスト駅

終着、キュールングスボルン西駅には小さな「ミュージアム」が設けられていた。かつて使われていた 99 322 号機と小さなディーゼル機関車などが展示されていた。

ドイツの狭軌蒸機鉄道
11 鉄道のダンプツーク

ドイツの現存狭軌鉄道

　ドイツには想像以上の数、狭軌の蒸機鉄道が残っていることが解った。それは前に述べたように数えたら十指に余るほど。そんなドイツの狭軌蒸機鉄道をひと巡りして来る。そんな単純にして難儀なミッションを果たすために、2018年秋、ドイツを旅した。多く集まるザクセン地方の鉄道に近いこととクルマのピックアップのため、起点はミュンヘンに決定した。ちなみに前回、モーリイ鉄道訪問のときはベルリンであった。

鉄道名	軌間
1：モーリイ鉄道	900mm
2：リューゲン軽便鉄道	750mm
3：ハルツ狭軌鉄道　ハルツ鉄道　ゼルケタール鉄道　ブロッケン鉄道	1000mm
4：ドールニッツ鉄道	750mm
5：フィヒテルベルク鉄道（SDG）	
6：レスニッツグルント鉄道（SDG）	
7：ヴァイセリッツタール鉄道（SDG）	
8：プレスニッツタール鉄道	
9：ツィッタウ狭軌鉄道	
10：ムスカウ森林鉄道	600mm
11：キムゼー鉄道	1000mm

下調べの段階で、予想していたよりも多くの狭軌鉄道が現在も蒸気機関車で運転していることが分かった。たとえば10年前の資料をチェックして、そのときと同じ、いや保存鉄道が増えている、といった感じ。限られた日程で、どう巡るのがいいか、計画を練るのは一筋縄ではいかぬものであった。それでも、各鉄道の時刻表を繰り繰り、何時にどの辺りに行けばいいのか、朝の列車を撮るにはどこに宿泊するのがいいか、そんなことを巧みに盛り込んで、最終的には一筆書きのルートをつくるようにして計画をまとめた。

　結果、その取材行ではモーリイ鉄道、リューゲン軽便鉄道をのぞく9鉄道を訪問した。初めての鉄道も多く、新鮮な気持で次々に巡った。初日にミュンヘンから長駆550kmを走って、ハルツ狭軌鉄道の始発駅、ヴェルニデローゲに行ったのをはじめとして、連日かなりの距離を移動し、列車を追い掛け文字通り駆け回った印象だ。

ドイツに残る狭軌蒸機鉄道

開通年月	路線区間	路線長	運転日	記事
1886年7月	バード・ドーベラン～キュールングス・ボルン西間	15.4km	毎日	全列車蒸機運転。路面区間あり。
1895年2月	ゲーレン～ラウテルバッハ桟橋間	24.3km	毎日	全列車蒸機運転。
1897年7月	ヴェルニゲローデ～ノルトハウゼン・ノルト間	60.5km	毎日	一部列車蒸機運転。南部はディーゼルのみ。
1887年8月	ハッセルフェルデ～クウェドリンブルク間ほか	52.4km	毎日	一部列車蒸機運転。
1898年6月	ドライ・アンネン・ホーネ～ブロッケン間	18.9km	毎日	全列車蒸機運転。
1885年	オシャッツ中央～グロッセン、ケムリッツ操車場間	17.0km	週末不定期	ディーゼル毎日運転。メイヤー式機関車。
1897年7月	クランツァール～クオルト・オーバーヴィンセンタール間	17.3km	全列車蒸機運転	全列車蒸機運転。全長110mの鉄橋。
1884年11月	デーデボイル東～フーデブルク間	16.5km	毎日	全列車蒸機運転。トラムとの平面クロス。
1882年11月	フライタル・ハインベルク～クロルト・キプスドルフ間	26.1km	毎日	全列車蒸機運転。
1892年6月	イェースタッド～シュタインブッフ間	8.0km	週末不定期	保存運転。線路延長計画あり。
1889年11月	ツイッタウ中央～クロルト・ヨンスドルフ、クロルト・オイビン間	31.5km	毎日	蒸機列車中心。キャブ体験有り。
1895年	ヴァイスヴァッサー池通り～バード・ムスカウ、クロムラウ間	10.8km	夏期週末	保存運転。
1887年7月	プリエン～ストック間	1.9km	毎日	スティームトラム。ディーゼルも所有。

上はマレー式を描いた絵が地元の食堂にあった。下はツイッタウ狭軌鉄道で行なわれたキャブ添乗サーヴィス。

蒸機鉄道、蒸気機関車が走っているとはいえ、日に数本のレヴェルだから、時間のやりくりはなかなか厳しいものがあった。

さらに、週末のみ、期日指定で走っている鉄道はそれに合わせるしかなく、日程は自ずと決まってしまったようなものだった。一日に2鉄道を訪ねられたら、という目標を立ててそれを実践した。

● まずはハルツ狭軌鉄道から

最初についたヴェルニゲローデ駅、機関庫で最初に遭遇したのは99 6001号機であった。一型式1輌の1C1タンク機関車。最初にドイツに行ったときに追い掛けた列車が99 6001だった。帰ってから一型式1輌の稀少機であると知った。ドイツの機関車というと大半が大振りな1E1タンク機関車のなかにあって、小型で引き締まった印象の99 6001号機は好もしいものであった。

最初の「ハルツ狭軌鉄道」は予想を上回る人気のようであった。ブロッケンに至る路線は蒸気機関車の独壇場、道路をも拒む秘境の地、である。線路はとぐろを巻くようにして山頂を目指し、一度は乗っておくべき路線である。まあ、アマノジャクなイノウエはみんなが乗ってくれているからいいか、という気持もあって、急ぎ旅は登って行く列車を見送っただけで次を目指した。

実は、ハルツ狭軌鉄道の終点、本線との接続もあり、街中を走る風情のノルトハウゼン側はあまり発表されることもなく、密かにこの部分で面白い写真を撮ろうと意欲を持っていた。ホテルもノルトハウゼン近くにとり、翌朝の唯一設定されている蒸機列車を狙うことにした。ホテルに入る前、ロケハンがてらノルトハウゼン・ノルド駅を訪ねた。駅と出発を見下ろせる橋上など、いくつかポイントを決めたが、なんとなくようすが変だ。蒸気機関車が見当たらないのだ。駅はまだ陽が暮れていないというのに、戸締りされて誰もいない。翌朝、早めにもう一度訪ねて、この区間、ディーゼル機関車に置き換わっていることを教えてもらった。

残念、その足で次の目的地を目指す。次なるツイッタウ地区までは350km余、4時間の予定だ。途中、ゼルケタール線のアクシスバードで昼前の列車に出遇える筈だ。通り道のスティーゲにあるリヴァース線に立ち寄って、その稀なる情景に列車の走るシーンを想像してしばし感動したのだった。

ツイッタウに着いたのは15時半。列車はいない。16時15分過ぎにベルツドルフで列車交換が行なわれるので、それに向かって走ることにする。Y字状の線路を持つツイッタウ狭軌鉄道の分岐点にあたるのがベルツドルフだ。上り列車を見送って、ヨンスドルフ行の列車を追うことにする。終着、ヨンスドルフ駅では17時05分〜20分の間、機関

車を展示、とある。なんだろう？　それはヨンスドルフ駅での入換えの合間にキャブ体験をさせてくれる、ということだった。思わぬプラスアルファだった。

● 週末はスケジュール満載

できるだけ次の撮影ポイントに近いところにホテルをとる。陽が暮れたら撮影できないから、タイトなスケジュールをこなす秘訣のひとつだ。ドレスデン郊外のラウデバウルはレスニックグルント鉄道の始発点。前晩ホテルへの道すがら、縦横に走るトラムのことは分っていたが、まさか狭軌蒸気鉄道と平面クロスするのまでは知り得ていなかった。だから、朝のロケハンで平面クロスに遭遇したときはなかなかのインパクトであった。朝の列車は逆光だが光線が綺麗で、ここをポイントになんどか撮影した。

一日2鉄道、を目標にしていたので、レスニックグルント鉄道は午前中で切上げ、その足でヴァイセリッツタール鉄道の上下列車をマルター駅先の眼鏡橋で捉え、フィヒテルベルク鉄道に向かう。予定より早く到着し、終着、クロルト・オーバーヴィンセンタールに着けたので、ホテルを通過して駅手前の絶景で待機する。高度も高く、朝夕は温度が低い。寒さの中待った列車は夕日のなか走り抜けていった。ザクセン地方は蒸機鉄道が集中しているのでありがたい。

翌日、朝の列車をもう一度、絶景の鉄橋で捉えて先を急ぐ。週末のみ運転の鉄道があり、土日はこれまでにもまして駆け足だ。プレスニッツタール鉄道は孤立した保存鉄道。クルマで行くしかないのだが、メイヤー式が走るとあって見逃せない。勇んで出向いたのだが、なんと、きょうはメイヤー式でなく小型Cタンクの99 4511が走るという。アテは外れたが、考えようによってはより稀少な機関車。往復を追いかけて、次へ向かう。次は、ドレスデン郊外で600mm線路を中心に保存活動をしているクラブ。機関車を見せてもらって、2時間あまりを走ってヴァイスヴァッサー泊。

翌日曜日は、近在のムスカウ森林鉄道という保存された600mmゲージ鉄道の運転日なのだ。このあたり、むかしは600mmの専用線が網の目だったらしい。ただし森林鉄道は保存後につけられた名前で、森の中を走るから、というキャッチフレーズ的なもの。好もしい形のDテンダ機に後髪を引かれつつももうひとつ回らねばならない。メイヤー式が走るというドールニッツ鉄道だ。2時間あまりを掛け駆けつけてみると… なんとやってきたのはディーゼル機関車。ここまで順調にこなしてきたのに、今回の旅で初の…と思ったら、最後に寄ったキムゼー鉄道はなんと、工事のため臨時運休。なんとも締らない結末となったのだった。

上は工事中で思う写真が撮れなかったヴァイセリッツタール鉄道。中は庫内のメイヤー式、下は保存クラブの修理前の蒸気機関車3輌。

リューゲン軽便鉄道
Rügensche Kleinbahn

ドイツの北東部、バルト海（東海）に浮かぶリューゲン島は、ドイツ最大の島である。過去、スウェーデン領の時代、プロイセン王国（1701～1918年）によって支配された時代を経て、第二次大戦後は東ドイツ、1990年10月のドイツ再統一によって、こんにちに至るのだが、歴史の荒波のなかを生き残っている狭軌鉄道がある。

リューゲン・クラインバーン、小さな鉄道というのを「軽便鉄道」と意訳したが、それはこの鉄道のセリングポイント。観光を兼ねた交通機関として人気を集めている。

プロイセン王国時代の1892年、プルシアン狭軌鉄道法（PurussianKleinbahngesetz）が発布され、リューゲン島に狭軌鉄道を敷くことが発案された。それを受けて、1895～99年の間にリューゲン島には750mmゲージのネットワークが構築され、それは延長100kmにも及んだ。

1895年にプツブス～ビンツ間を皮切りに、リューゲン軽便鉄道の線路も1890年代に整備されている。第一次大戦後には国有化されるが、時を経て交通事情の変化に伴い、多くの路線は廃線になったり改軌されてしまう。残った区間は1996年に民営化、リューゲン軽便鉄道（RuKB）として運転。1999年にはプツブスから三線式線路が敷かれ、ラウテルバッハ桟橋まで延長された。

　「海岸まで100m」などと書かれていたが、終着ゲーレン駅には海の気配はなかった。99 4011に牽かれてやってきた列車は、海に向かうのであろう、けっこうな数の乗客を降ろすと、休む間もなく入換えに掛かる。
　広い構内を行き来して、途中で給水も行ない、折返しの列車までの時間、しばし休息をするのだった。

　列車を追い掛けて沿線を走り回った。機関車は99 4011というナンバーのDタンク機関車。マンスフェルド鉱山で使われていたものが近年移籍してきたものだ。
　ビンツ駅で夕刻の列車を待った。ここで列車交換が行なわれる。対向列車、1Dタンク機関車、99 4801が荷物車を含め9輌もの客車を牽いてやってきた。驚いたのはその混みよう。通勤のひとが途切れることなく降りてくる。リューゲン軽便鉄道は観光用としてだけでなく、立派に交通機関の役も果たしているのだった。

　プツブスは車輌基地もあるリューゲン軽便鉄道の本拠地。ここからラウテルバッハ・モール（桟橋）まで、標軌の線路との三線区間が敷かれ、RuKBの列車は後部にディーゼル機関車を連結、プッシュプル方式で2.6kmの三線区間を往復する。
　機関庫にはかつて活躍していた東独レイヒシュバーン時代のクラスM型Dタンク機関車がDR99 4631〜33から私鉄時代のRuKB51Mh〜53Mhに番号を戻され、特徴的な緑色の車体で残されていた。

ハルツ狭軌鉄道
Harzer Schmalspurbahnen

ドイツでもっとも有名な蒸気機関車の走る狭軌鉄道が、その名も「ハルツ狭軌鉄道（Harzer Schmalspurbhnen GmbH ＝ HSB）」である。それまでドイツ国鉄（DR）だった3路線を譲り受けて、1993年2月に設立された。すべてを合わせると130kmに及ぶ1000mm軌間の路線は、景勝地、ハルツ山を中心に蒸気機関車の活躍が売りものにもなっている。

機関車は基本的に標準的な1E1タンク機関車、99 7231～7247が中心だが、小型の1C1タンク機である99 6001がペット的な存在として残されている。

ほかに1D1タンク機の99 6101、6102、またBBマレー機、99 5901～03、99 5906が配属されているとあるが、じっさいに使用はされていないようだ。

3路線はそれぞれ、ハルツクウェル鉄道（ヴェルニゲローデ～ノルトハウゼン・ノルド間60.5km）、ゼルケタール鉄道（ハッセルフェルデ～スティーゲ～アレクシスバード～クウェドリンブルク間49.5km、アイスフェルダー～スティーゲ間8.6km、アレクシスバード～ハルツゲローデ間2.9km、計61.0km）、ブロッケン鉄道（ドライ・アンネン・ホーネ～ブロッケン間19.0km）と呼ばれており、それぞれの歴史に基いている。

つまり、ゲルンローデを起点とした「GHE」、ゲルニデローゲからノルトハウゼンに至る「NWE」、それにハルツ鉄道として、それぞれ19世紀に開業した私鉄が、大戦後に東ドイツの「DR」として国有化されていたものだ。マレー機や99 6001は「NWE」から引き継がれてきたものだ。

観光路線として人気のブロッケン鉄道部分は蒸機ばかりで10往復以上（冬期でも7往復）が運転されている。ドライ・アンネン・ホーネ駅には時に二方向からの列車が集結し、煙が立ちこめたりする。日に1往復設定されていた南のノルトハウゼン・ノルド駅への列車はディーゼル機関車に変わっていたが、それ以外はまだまだ蒸気機関車が楽しめる。

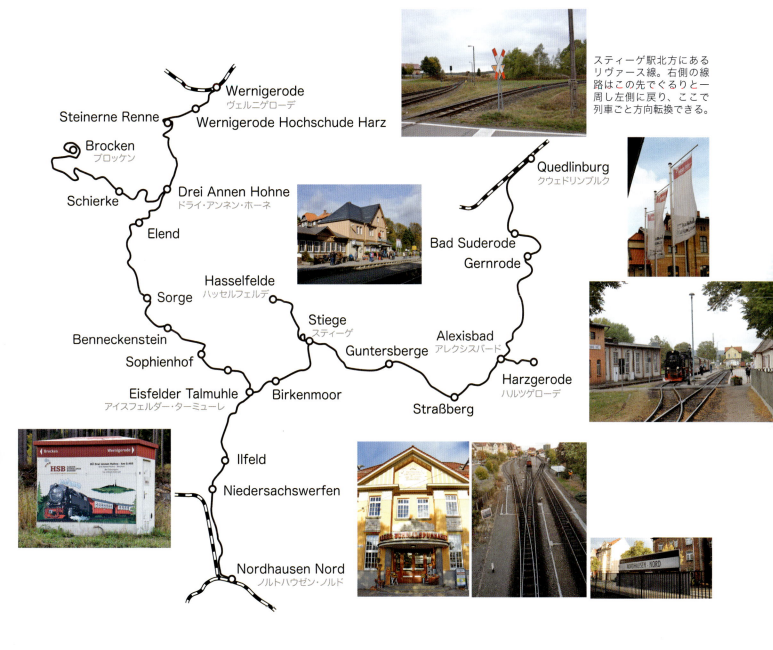

　ドライ・アンネン・ホーネ駅はブロッケンに至るブロッケン線の分岐点。それを示すボードなども立ち並ぶ。駅前のパーキングには列車の絵が描かれ、構内にディスプレイされている標軌のタンク車にもイラストが。

　左はブロッケンから降りてきた列車で、右のゲルニデローゲ発の列車と構内で行き交うシーンも見られた。

　ゲルニゲローデ発の列車はそのままブロッケンに往く直行列車で、しばしの休息ののち、急勾配に挑んでいった（前ページ）。

　ハルツ狭軌鉄道はブロッケン線にばかり注目が集まるが、ゼルケタール鉄道部分も蒸機列車が見られ、未開拓の撮影ポイントも少なからず存在するように感じた。

　以前はこの区間で99 6001などが使われていたが、現在は標準的な1E1タンク機関車の独壇場になっているようだ。右は、1997年にアレクシスバード駅で撮影したもの。機関車は1C1の99-6001である。

ドールニッツ鉄道
Döllnitzbahn

中都市であるオシャッツを起点に、ミューゲンを経由してグロッセンに至る路線と、途中ネビッツヒェンから分岐し、ケムリッツに至る路線、18.6km の線路を有する 750mm 軌間の鉄道。歴史は旧く、1884 年にはミューゲンから南方のデューベン（Döbeln）まで敷かれた鉄道がはじまり。オシャッツまで線路が延ばされたほか、鉱山の搬出の支線もつくられ活況を呈した。現在も、ミューゲンの広い構内がその繁栄振りを物語っている。

1960 年代にはデューベンへの線路が廃止され、1970 年代には、粘土系のカオリナイトと呼ばれる鉱物が産出されたことから、貨物輸送のみになったりもした。ロールヴァーゲンと呼ばれる平台車に乗った標軌の貨車がディーゼル機関車に牽かれて走っていた。

現在では 1993 年に設立されたドールニッツ鉄道が「DR」から線路と機関車などを引継いで、運行している。貨物輸送は 2001 年に終了し、旅客列車と時折メイヤー式蒸気機関車を使った保存運転が行なわれている。

グロッセンにディスプレイされている「ロールヴァーゲン」への積み込み風景。メイヤー式蒸気機関車を期待して訪問したが、残念ながら機関車はミューゲンの庫のなかだった。

093

フィヒテルベルク鉄道
Fichtelbergbahn

フィヒテルベルク鉄道は、次の駅はもう国境というような位置にあるローカル線の駅、クランツァールから枝分かれして、チェコとの国境に沿って南下すること17.3km、保養地であるオーバーヴィンセンタールに至る路線だ。フィヒテルベルクというのは、終点の先に広がる、スキー場などのあるフィヒテルベルク山に由来する名前だ。

早くから保養地に向けての線路敷設計画があり、1897年に開通をみる。旅客輸送だけでなく、「ロールヴァーゲン」を使った貨物輸送も早くから行なわれた。

東独の国鉄であった「DR」の狭軌線であったが、1998年に民営化されて、現在は周辺の3鉄道を擁する「SDG：ザクソン蒸機鉄道会社」として運営されている。

始発駅のクランツァールは、鉄橋で街を越えてきた国鉄線（下の写真でも右方にちらりと見える）の南側にフィヒテルベルク鉄道のホームが位置するが、ヤードと貨物線などは北側にあり、本線と750mm狭軌との平面クロスが面白い。

線路はしばらく街中や山裾を走るが、ニーデルシュラークを出た辺りからは、国境沿いに登り一方の勾配に挑む。機関車は標準的な1E1タンク機関車だが、客車にはオープン客車も連結されたりして、楽しそうな乗客の歓声が聞こえてきたりする。

Cranzahl
クランツァール

Unterneudorf

Neudorf
ニュウドルフ

Kretscham-Rothensehma

Vierenstraße

Niederschlag
ニーデルシュラーク

Hammerunterwiesenthal

Unterwiesenthal

Kuort Oberwiesenthal
クオルト・オーバーヴィンセンタール

097

　フィヒテルベルク鉄道のハイライトは、終点、オーバーヴィンセンタールに到着する寸前にやってくる。長さ110m、高さ23mの鉄橋で、文字通りタール（谷）をひと跨ぎする。創業時、ということは120年の風雪に耐えた鉄橋は風格充分だ。鉄橋の下は最近整備されて公園のようになっており、散策のついでに汽車見というひとも見掛けた。
　朝、一番のクランツァール行列車は、駅出発時こそ勇ましいドラフト音を轟かせたものの、若干下り勾配の鉄橋では、音もなくスコスコと通り過ぎていった。

レスニッツグルント鉄道
Lößnitzgrundbahn

レスニッツグルント鉄道は、ICE や二階建ての S バーンが行き交うラーデボイル東駅から発車する 750mm 軌間の狭軌鉄道だ。複々線の標軌線路が走る端を非電化の狭い線路が敷かれ、それはカーヴを切って街中へと進んでいく。現在は「SDG：ザクソン蒸機鉄道会社」の三路線のひとつとして運営されている。観光目的の要素も含まれるが、地元の交通機関としての役目も大きく、日に 3 往復の直通列車のほか、通勤通学のための区間列車も走る。そのすべてが蒸気機関車による列車である。

例によって歴史は旧く、1880年代には営業を開始している。東独国鉄時代の1960年代後半には廃線の噂もあったというが、1975年に運輸省の「観光鉄道としての継続」が決定され、最終的には「SDG」の一員として運転がつづく。機関車は標準的な1E1タンク機関車で、ラーデボイル発の下り列車が正向運転だ。

　ドイツ国鉄線のホームの北側にレスニッツグルント鉄道のホームがある。朝の列車は逆光のなか、白い蒸気を身に纏わせながら発車していく。そして発車して街並の間を走ること10分足らず、この鉄道の最初のハイライトにさしかかる。82号線、マイスナー通りを横切るシーン。複線のトラムとの平面クロスは、ちょっと他では見られないものだ。

105

ヴァイセリッツタール鉄道
Weißeritztalbahn

「SDG：ザクソン蒸機鉄道会社」を形成する三路線のもうひとつは、国鉄線、フライタル・ハインスベルク駅から分岐、クロルト・キプスドルフに至る26.1kmのヴァイセンリッツタール鉄道である。開業は旧く1882年、ドイツ「最古の狭軌鉄道」ともいわれている。しばらくは街中を走るが、ラーベナウを過ぎた辺りからは線路の両側は樹々に囲まれ、線路は右に左にくねるようになる。

右側が急に開けたと思ったら、そこは「ローテ・ヴァイセリッツ」というダム湖。湖畔にはマルターという駅が設けられている。

次のディッポルディスヴァルダーは大きな中間駅だが、そこまでの間、石造りの眼鏡橋が絶景を見せてくれる。ちょうど脇に架かる道路橋が工事通行止めで、しかも足場が組んであって写真は大いにスポイルされたが、車窓もなかなか素晴らしいものだろう。

1E1タンク機関車は正向の下り列車は軽々と、逆向の上り列車は少し煙を吐いて通過していった。この辺りを含め、沿線は保養地が多い。

上は起点であるフライタル・ハインスブルク駅。国鉄線と同居するだけに立派な駅舎だ。下は湖畔のマルター駅。右がフライタル・ハインスブルクの機関庫。

プレスニッツタール鉄道
Preßnitztalbahn

　ケムリッツから南へ30kmほど、チェコとの国境近くにイェースタッドという街がある。その街外れにプレスニッツタール鉄道の起点がある。といっても他の鉄道線と連絡はしておらず、終点のスタインブッフともども「陸の孤島」路線となっている。

　というのも、かつてはシュタインバッハからさらに北のヴォルケンスタインまで通じる、全長23kmほどの狭軌路線であった。ヴォルケンスタインには国鉄線も通じており、一部区間は750mmと標準軌間との三線式で運転されていた、という。

　一方、イェースタッドからはチェコ国境を越えた先の炭坑まで線路が延ばされたのは、石炭輸送の需要など、プレスニッツタール鉄道がもっとも盛業だった時期である。輸送力増強のために標軌に改軌という計画もあった、という。

　その後、長い年月の末、1984年に線路は廃止される。一部、貨物専用鉄道として残るがそれも1986年まで。そもそもは1891年に建設がはじまり、翌年には一部開通したという歴史あるプレスニッツタール鉄道。廃止間もなくから保存運動が起こり、1990年にその名も「博物館鉄道プレスニッツタールバーン」として、機関庫の再建、線路敷設などが開始される。現在の8kmほどの線路は2011年に完成したものだ。

- Steinbach シュタインブッフ
- Wildbach
- Gegentrum-Stollen
- Forellenhof
- Schmalzgrube シュマルツグルーブ
- Loreleifelsen
- Schlössel シュロッセル
- Ausstellungs-und Fahrzeughalle
- Jöhstadt イェースタッド

115

この日、メイヤー式機関車を期待して訪問したのだが、Cタンク機、99 4511が運用されていて、お目当ては機関庫のなかであった。「ザクソンⅣK」型と呼ばれるB-Bメイヤー蒸気機関車は、1892年から30年にもわたり96輌がつくられた。マレー式のように2組の動力装置を持つが、シリンダが中央に集められているのが特徴だ。
　「DR」時代を経て、99 15〜のナンバーを持つ。イェースタッドの庫のなかには99 1542、90 1590の2輌が綺麗に磨かれた状態で休んでいた。

ツィッタウ狭軌鉄道
Zittauer Schmalspurbahn

　ポーランド、チェコとの国境に近い街、ツィッタウからは、国鉄2路線とともにツィッタウ狭軌鉄道が枝分かれしている。大きな国鉄駅とは別棟で、こぢんまりとした駅舎。ヤード、機関庫に至る線路が駅舎の軒をくぐって駅前を横切るという面白い線路にまず驚かされる。国鉄線と交差して向きを変えた線路は、ツィッタウ・フォルスタッド（郊外）駅でふたたび向きを変え、ツィッタウから8.9kmのベルツドルフに至る。

　ツィッタウ狭軌鉄道はここで二股に分岐し、ひとつはクロルト・ヨンスドルフ（ベルツドルフから3.8km）、もうひとつはクロルト・オイビン（同3.3km）に至る全長16.1kmの750mm軌間の線路だ。

ツィッタウ狭軌鉄道は、早くも1873年に計画されたという。開通したのは1890年で、それぞれの終着駅は観光地として人気のあるところだった。1990年代になって、ツィッタウ狭軌鉄道が組織され、機関車、線路を引継ぎ毎日蒸機列車が運転されている。
　いまでは標準型というべき1E1タンク機関車が主力となって働くが、近年、メイヤー式機関車を購入、2009年にレストレイションを終え99 555として復帰、特別列車等で運転されている。それを示すプレートがベルツドルフの機関庫脇に掲げられていた。
　終着、クロルト・ヨンスドルフでは、嬉しいサーヴィスも行なわれ、蒸機鉄道を堪能したのだった。

終着、クロルト・ヨンスドルフでは、機関車の入換えの合間を利用して、嬉しいサーヴィスが行なわれていた。機関車キャブで、構内を往復してくれるというのだ。ふたりで5ユーロ（約¥600）。もちろん体験した。さすが重量級、キャブの大きさと乗り心地がいいのに感動した。

ムスカウ森林鉄道
Waldeisenbahn Muskau

　ドイツ東部、ポーランドとの国境近くに位置するヴァイスヴァッサーは、ガラス産業の盛んなところとしても知られている。旧く、19世紀の末に工業や鉱業が発達するや、ヴァイスヴァッサーとムスカウ地区の工場や炭坑などを結んで鉄道網が構築されていった。1895年には馬や蒸気機関車によって、石炭や木材などを運搬する役を担う貨物専用鉄道として線路を延ばしていった。

　第一次大戦後には600mm軌間の軍用機関車を大量に譲受、1970年代までは石炭を工場に運んだり、新たに発掘されはじめた粘土がタイル工場や健康温泉に利用されるなど、役を果たした。最終的には11kmを残して1978年に廃止、残った部分は工場専用線になった。工場や鉱山に合わせて引き込み線をいくつも設けている、その面影は現在の線路配置にも残っている。

　ドイツ統合後、かつての鉄道を復活させようという取り組みがはじまり、その名も「ムスカウ森林鉄道」として活動がはじめられた。森林鉄道というのは、2004年にポーランドに掛けての周辺が森林公園などを中心とした世界遺産のムスカウ公園として登録されたことから、緑多いなかを走る鉄道という意味で名づけられたようだ。

　2輛の機関車、99 3462、99 3312が煙を上げていた。週末の運転日、運転される2列車に乗ろうと多くの人が集まっていた。

　本線というべきバード・ムスカウ行の列車とタンク機関車の牽くクロムラウ行の列車は10分の時間差で発車していく。ともに下り列車が逆行運転であった。バード・ムスカウ行の列車を追ったが、線路はムスカウの街はずれ、公園のなかで終わっていた。

　機回し線1本だけ。99 3462のナンバーを持つDテンダ機関車はそそくさと入換えて、ふたたびもと来た道を、こんどは正向で引き返していくのだった。

キムゼー鉄道
Ciemseebahn

　キムゼー、つまりドイツ南東部のキム湖とその周辺の保養地のために敷かれた線路。宮殿に向かう馬車鉄道としてオープンしたわずか1.6kmの線路だが、130年に及ぶ長い歴史を生き抜いて、いまも観光客の足として人気を集めている。

　機関車は「スティーム・トラム」、すなわちBタンク機関車の周囲をカウルで囲まれた、独特のスタイルを見せる。番号はついていないが、通称1号機は1887年クラウス社製、製番1813というから、名門クラウスにとっても、初期の作品。わが国に輸入された最初のクラウス、四国の「坊っちゃん機関車」よりも1年旧い。1950年にボイラーを交換、全長5100mm、軸間距離1800mmという13t級のBタンク機関車。

　国鉄駅の東側から出発して終着まで、ほとんど市街地を走るとあって、どう写真を撮ろうか、いろいろ思案しながら遠路プリエンを訪ねた。1輛の機関車が列車を牽いて往復する。いずれにせよたかだか2km足らずの距離だ、線路に沿って往復すれば、どこかで列車に出くわすにちがいない。

　そころが！である。どうもようすがおかしい。たずねてみると、なんと駅に張り紙が。工事中で臨時運休とのこと。掘り返された線路と留置中の客車、新たにつくられたというストックの木造車庫を見ただけで終わった。

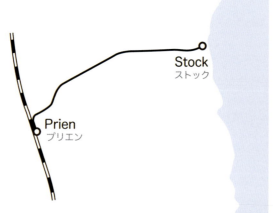

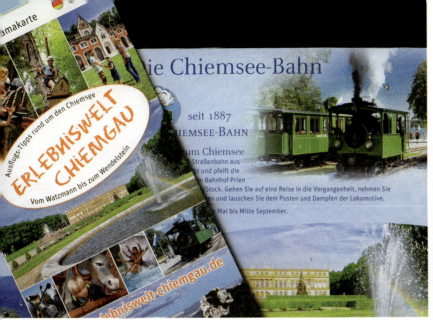

臨時の運休で機関車を見ることは叶わなかった。左は保養地キムゼーと人気者、蒸気機関車を掲載したリーフレット。下は一等客車。さすが、VIPも訪れる観光地だけのことはある。

129

ドイツの狭軌蒸気機関車
いまも走る Typ99

ドイツの鉄道は、わが国より40年近く早い1835年に「バイエルン・ルードヴィヒ鉄道」によってその足跡を印した。当時はいくつもの王国や公国からなる「ドイツ連邦」だったことから、1871年のドイツ帝国発足後も、しばらく鉄道は統一されないままでいた。ようやく1920年になって一斉に国営化されて「DR」になり、それはすぐに「DRG（Deutsche Reichsbahn Gesellschaft：ドイツ国有鉄道）」となる。1924年8月のことだ。

　第二次大戦によって、ドイツは東西に分かれることになるのだが、ドイツ連邦共和国（西独）は1951年に公共事業体としてドイツ国鉄「DB（Deusche Bundesbahn）」に、一方ドイツ民主共和国（東独）は1949年にドイツ国営鉄道「DR（Deutsche Reichsbahn）」が組織される。

　戦後、西独側はすさまじい勢いで進化をつづけ、1977年には一般営業運転の蒸気機関車の全廃も果たされていた。一方の東独側は社会主義国家ゆえの、たとえば自家用車の普及の低さなどから、鉄道は陸上交通の主役の座を守りつづけるのだった。再統一が果たされた時点での東西の隔差は大きなものであったが、とりあえずは「DB」「DR」が併存したままで存続した。しかし、その隔差を逆手にとったのが現代も生き残る「狭軌蒸機鉄道」の存在、ということもできる。

　1994年1月、「DB」「DR」は統合すると同時に民営化され、「ドイツ鉄道会社（DBAG：DeutscheBahn AG）」となった。全国の鉄道を運営している実質的な国鉄ということから、本文中では国鉄線ということばを用いた。

　この民営化に伴って、狭軌の蒸機鉄道は分離独立し、それぞれがグループを組んだりしながらこんにちに至っている。

　ドイツ国鉄では、先の「DR」時代に統一した型式をつけた。たとえば蒸気機関車には「01」や「52」といったように二桁の数字（のちに三桁で「001」の最初0が蒸気機関車）で型式を与えたが、狭軌蒸気機関車は一律「99」型という型式で括られてしまった。なにごともシステマティックに付番することの好きなドイツなのに、経歴、大きさなどに関係なく、である。

　99以下の数字で細かく分類がされたのだが、その数は優に130型式を上回る膨大なものになっている。なにしろ狭軌とひと括りにされたものの、軌間ひとつとっても1000mm、900mm、785mm、760mm、750mm、600mmと6種類もが含まれていたのだから。

　ここでは、現在も見ることのできる狭軌蒸気機関車を中心に分類し解説していく。なお、機関車番号の末尾に付く「-X」は検査時期を表わすもので、煩雑になるので本稿では省略する。

機関車番号、「-」以下の数字は検査時期を表わす。

● 標準機 1E1 タンク機関車

　いまドイツの狭軌蒸気機関車というとすぐにその姿が思い起こされるほどになっているのが、一連の 1E1 タンク機関車だ。「DR」が主導してつくられた機関車というから、日本式にいえば 9600 型にはじまる「制式機関車」というようなものであろうか。

　1000mm 軌間と 750mm 軌間があるのだが、どちらも共通するずんぐりとした似たスタイリングであることから、狭軌蒸気機関車の標準型といっていいほどになっている。なかには 1950 年代になって増備されたものもあり、主力であることはまちがいない。

　そもそもは 750mm 軌間の機関車、99 73 型の方が先である。1928 年から 33 年までに 32 輛がつくられたもので、メーカーは初期の 13 輛がハルトマン（ザックス工場）社、残りはベルリナー社製。99 731〜762 として誕生、1970 年の改番で 99 1731〜1762 となった。赤く塗られた足周りは 1E1 の軸配置、動輪径 800mm、先従輪は 550mm。46t 級で全長は 10540mm という数字は、わが国鉄の C12 に近い。

　興味深いことに、これには増備型として 1950 年代に新たに新製が加わっている。具体的には 1952〜56 年に 99 77 型、99 771〜794 として VEB（バベルスブルク工場）社でつくられた。1970 年の改番では 99 1771〜1794 となり、現在も狭軌線の主役として 10 輛以上が働いている。

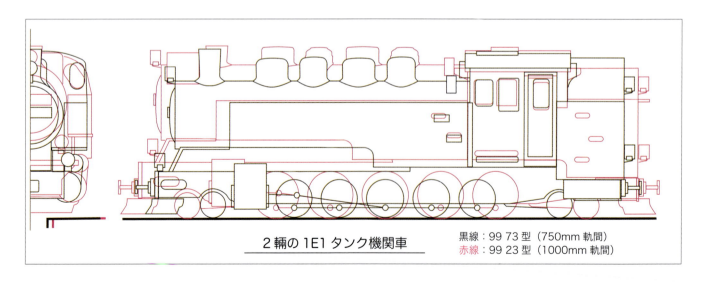

2 輛の 1E1 タンク機関車

黒線：99 73 型（750mm 軌間）
赤線：99 23 型（1000mm 軌間）

99 23型 99 7241

99 77型 99 1790

99 73型 99 1749

99 23型 99 7239

99 77型 99 1757

99 23型 99 7241

　一方の1000mm軌間の方は、99 22型として1931年につくられたベルリナー社製が最初。まずは99 221〜223の3輛がつくられ、それは1970年の改番で99 7221〜7223となる。99 73型に準じたスタイリングだがひと回り大型。動輪径は1000mmになるも、先従輪は550mmのまま。50t級で全長11636mm。

　この増備型として1954年からつくられたのが77 23型で、東独側に残ったコッペル社の流れを汲むLKM社で17輛、99 231〜247がつくられた。基本的に99 22に倣うが、たとえば給水温め器部分が四角くなっている、台枠が棒台枠になっているなど、一部に変更も見られる。またエンジン部分も99 22のφ430×400mmがφ500×500mmに拡大された。このうち10輛以上が、99 7231〜7247（一部は旧ナンバーに戻されたりしている）のナンバーで現役として使用されている。

● マレー式とメイヤー式機関車

　ドイツの狭軌蒸気機関車のなかで異色の存在として興味深いのがマレー式とメイヤー式機関車だ。ともに4つのシリンダを持ち、前後ふたつに分かれた台枠が首を振る構造で「間接式機関車」と呼ばれるのは同じだが、シリンダの位置などによって見分けることができる。それぞれ発案者、アナトール・マレー（1837〜1919年、瑞西）、ジーン・ジャックメイヤー（1804〜77年、仏）の名前を採って名づけられている。

　ドイツ狭軌鉄道で現存するのは、いずれも軸配置BBのタンク機関車で、前者は1000mm軌間のハルツ狭軌鉄道に、後者は750mm軌間で「SDG」をはじめとしていくつかの鉄道に配属されている。

　まずマレー式機関車は「DR」時代には99 590型とされたもので、ともにNWE（ノルトハウゼン・ヴェルニデローゲ鉄道：ハルツ狭軌鉄道の前身のひとつ）で使われていたものだ。型式は同じ99 590型に組入れられたが、NWE時代は11〜13号機、41号機と分けられていた。11、12号は1897年ユング社製、製番258、261、13号機は1898年に追加された製番345である。勾配線区のNWEでは珍重されたようで、11〜22の12輌がつくられた。うち3輌が99 5901〜5903として活躍したのち、以前訪問時には、NWE時代の11〜13号機のナンバーで、塗色も緑色に復元されていた。

99 59型99 5903

99 51型99 1590

99 32型 99 2321

99 33型 99 2332

NWE41号機は飛番の99 5906と区別されていたが、1913年、カールスルーエ工場製、製番2052というものである。イヴェントのときなどの運転用で、いつもは機関庫に置かれているようだ。

一方のメイヤー式機関車はザクソン帝国鉄道で愛用された「名機」というようなもので、「ザクソンⅣ K」型として1892年から1921年までの長きにわたって、96輌もがつくられた。型式の「K」は狭軌を示す。動輪径760mmのアウトサイド・フレーム、45t級で全長9000mmというのが主要要目

だ。第一次大戦で5輌を失ったものの、「DR」では99 51型99 511〜546、99 551〜558、99 561〜579、99 581〜608の91輌が引継がれた。その後99 1511〜1608となって、現在はレストレイションで復活したものを含め、10輌ほどが現役状態にあるという。

● 900mm軌間の2型式

本書の主題であるモーリイ鉄道の機関車は軌間900mmであるということとともに、独特のポジションにある。「DR」時代そのままに99 2321〜2324の4輌が揃うが、特徴的なのは最後の99 2324である。なんと2008年、マイニンゲン工場製。「50年振りにつくられた新造蒸気機関車」として話題になったものだ。

そもそもは標準機としてつくられた35t級1D1タンク機関車で、1932年のコッペル社製、製番12400〜12402の99 2321〜2323であった。なるほど、標準型の1E1と相通じるスタイリングの持ち主だが、大きく傾斜したキャブ上半部のおかげか、重々しさは少し軽減されている印象だ。

予備機として99 2331、2332があったが、それは1951年にバベルスベルク工場でつくられた製番30011、30013のDタンク機関車で、現在は後者がモーリイ鉄道終点に展示されている。

99 60 型 99 6001

99 401 型 99 4011

● その他の雑形蒸気機関車

　標準機、1E1タンク機関車以外の機関車として、好もしいスタイルの機関車がいくつも存在する。

　その最右翼と人気なのがハルツ狭軌鉄道の1000mm軌間の99 6001だ。1939年、クルップ社製、製番1875という1C1タンク機関車は、30t級、全長8875mmという、迫力ある1E1タンク機関車を見慣れた目からするとコンパクトで、いかにも狭軌蒸気機関車という印象。動輪径1000mm、先従輪600mmで、ハルツ狭軌鉄の前身であるNWEの21号機としてつくられたものだ。

　同じハルツ狭軌鉄道ではさらにひと回り小型の99 6101、6102の2輛も籍を置くが、あまり使われることはないようだ。1914年のヘンシェル社製、動輪径800mmのCタンク機関車、もとNWE6、7号機である。

　750mm軌間にもお気に入りの機関車がある。本当はメイヤー式が走ると思って駆けつけたのにCタンク機、99 4511だった。いや、本当ならばがっかりするところだが、これが実に好もしいスタイリングの機関車で、これはこれでよかったと嬉しくなったものだ。それは、1966年にDRゲーリッツ工場でつくられたもの。「DR」で使われたのち、プレスニッツタール鉄道には1998年にやってきた。真っ赤な足周りのカラーリングこそドイツ機らしいものだが、全体のシルエットは世界共通の小型狭軌蒸気機関車らしい。

　あとの3型式はリューゲン軽便鉄道で働いている。このうちの99 4011は、ナンバーこそ99型を名乗るが、「DR」に籍を置いたことのない変わり種だ。1931年、コッペル社製、製番12348のDタンク機関車で、31.3t、動輪径800mm。もとはマンスフェルト鉱山で使われていた機関車で、同社7号機だった。

　99 4631〜4633のナンバーをもらったのは、私鉄だったRuKBの51Mh〜53Mhである。それぞれ1913、14、25年につくられたヴァルカン社製、製番2896、2951、3851というDタンク機関車。数年前の訪問時には、かつての緑塗色、旧ナンバー・プレート付になっていた。52、53のみが現役とされている。

　もうひとつ、99 4801、4802は「DR」時代に99 480型とされていた、もとRuKB20、21号機だ。1938年のヘンシェル社製、製番24367、24368というもので、動輪径850mm、32.4tである。

99 463型99 4633

99 480型 99 4801

99 451型 99 4511

各鉄道の配置蒸気機関車

鉄道名	軌間	在籍99型蒸気機関車（太文字：現役、細文字：休車）	おもな機関庫
1：モーリイ鉄道	900mm	**2321～2324**、2331	バード・ドーベラン
2：リューゲン軽便鉄道	750mm	1782、1783、**1784**、**4011**、4631～4633、**4801**、4802	プツブス
3：ハルツ狭軌鉄道　ハルツ鉄道	1000mm	**6001**、6101、6102、	ヴェルニデローゲ
ゼルケタール鉄道		**7221～7223**、	クウェドリンブルク
ブロッケン鉄道		**7231～7247**	
4：ドールニッツ鉄道		**1574**、**1584**、1781、	ミューゲン
5：フィヒテルベルク鉄道（SDG）		**1772**、**1773**、1776、**1785**、**1786**、**1794**	オーバーヴィンセンタール
6：ロスニッツグルント鉄道（SDG）	750mm	**1761**、1775、**1777**、1778、**1779**、**1789**、1791	ラーデボイル
7：ヴァイセリッツタール鉄道（SDG）		1734、1741、1746、**1747**、**1762**、1771、1780、1790、1793	クロルト・キプスドルフ
8：プレスニッツタール鉄道		**1542**、**1568**、**1590**、1594、**1781**、**4511**	イェースタッド
9：ツィッタウ狭軌鉄道		**1731**、**1735**、**1749**、1757、**1758**、1760、1787	ベルツドルフ他
10：ムスカウ森林鉄道	600mm	**3312**、**3462**	ヴァイスヴァッサー
11：キムゼー鉄道	1000mm	無番号	ストック

99 331型 99 3312

● 600mm軌間の2輛

「DR」時代、国有化された600mm軌間の蒸気機関車は、ふたつのグループがあり、ひとつはもとPKPの99 150型から99 164型までの9型式。もうひとつが99 300からはじまって99 365まで8型式で、その一部はいまも現役として働いている。その8型式の前身はWEMとMPSBの二社。おもに工場専用線というような路線ではあったが、前者から2型式7輛、後者から6型式10輛、すなわち全部で17輛の蒸気機関車が「DR」の傘下に入ってきた。

本書で採り上げたムスカウ森林鉄道では、そのうちの2輛が使用されている。

99 3312は1912年、ボルジッヒ社製、製番8472で、アウトサイド・フレームのDタンク機関車。これは、99 331型として「DR」傘下に入ってきたときには6輛があり、WEM2〜7号機のナンバーであった。

Dテンダ機関車という独特のスタイルの持ち主、99 3462は、1934年にコッペル社でつくられた製番12518。「DR」99 346型となったときには2輛あり、もとMPSBの9、12号機であった。

99 346型 99 3462

99 346 型 99 3462

ドイツ狭軌鉄道の魅力
（あとがきに代えて）

　本文にも書いたけれど、2018年秋にドイツに取材行に出掛けた。実は、本書の大半はでき上がっていたのだけれど、やはり最新の情報を盛り込みたくて、駆け足で現存する鉄道を訪ねて回った。

　記憶というものは往々にして更新されるもので、すでに取材済みだったモーリイ鉄道が、なんだか夢のなかのことのようにも思えたものだ。それだけ、残りの鉄道が強烈だったということかもしれないし、逆に、モーリイ鉄道の持つ雰囲気がまろやかに昇華されていた、ということかもしれない。

　しかしドイツという国は底知れぬパワーの持ち主であるような気がする。21世紀のいま、蒸気機関車の走る狭軌鉄道を本当に現役として残ることを許している国は、そうたくさんはない。速度無制限のアウトバーンを200km/h＋で疾駆しながら、蒸気機関車を撮影に行く、などという現実をどう捉えたらいいのだろう。

　かつて、わが国の蒸気機関車の末期、軽便鉄道の終焉をクルマを駆使してカメラに収めるべく走り回った若き日々を思い起こしたりした。時代の移り変わりの瞬間、その「アヤ」のような間隙を縫って走り回った。あと数ヶ月で廃止される、廃線になる、つねに時間に追いかけられるように、停められない時間を恨めしく思いつづけた日々。

　しかし、ここドイツは10年後も変わることなく蒸気機関車が走りつづけているような気がする。いや、保存活動が進んで、もっと増えているかもしれない。そんなことを考える一方で、やはり一瞬の刹那を切り取る写真、そしてそれを印刷物として紙媒体に残しておくことの醍醐味を大いに堪能したのだった。

　たとえば蒸気機関車の煙は二度と同じにはたなびかない、たとえ同じ路線の同じ場所であっても、その日の天気、コンディションで煙は白くも黒くも写る… それは蒸気機関車という「生き物にもっとも近い機械」の大きな魅力のひとつというものだ。

　話はドイツに戻る。いくつもの、ほかでは見られないような情景に出遇った。谷をひと跨ぎする古典的鉄橋。いまではさほど驚くほどではないかもしれないが、完成した当時はどんなに大きく威容を誇ったことだろう。石造りのアーチ橋は時代をそのまま残しているようだったし、「名所」と呼ぶべきポイントにちがいなかった。

　しかし、なんといっても驚かされたのはトラムと狭軌蒸機鉄道との平面交差。複線のトラムは、ボンバルディア社製、最新の車輌が走る。標軌（ただしくは1450mm軌間とい

う）の線路を斜めに750mmの線路が平面交差する。それだけでも興味深いのに、その線路を走るのが蒸気機関車なのだから。信号が赤に変わり、クルマもトラムも遮断されて待つなかを蒸気機関車が通過していく。連結されたオープン客車の乗客も目を見張ってしまうにちがいあるまい。

　こん回は撮影に徹したけれど、いつか乗客となってここを通過してみたいものだ。そんな小さな旅の次の目標もできた。いくつか撮り残した機関車もある。ドイツはいつまでも待っていてくれる。その安心感は大きい。

　それにしても、発見したいくつかの情景、ぜひともお見せしたい先輩がいる。幾度となく欧州を旅し、写真撮影をしてきたひとだ。まだクルマなど使う時代ではなく、撮影ポイントまで歩き、フィルム・カメラ、それも絞りを決め焦点を合わせ、すべてをマニュアルで撮影する。まさに蒸気機関車の時代はそうした撮影をしてきたものだ。

　「一緒に行きましょうよ」と誘うのだが、体調のこともあって、実現はできないでいる。その先輩、百瀬昌俊さんの写真をここに載せさせていただき、情報提供など下さったことに謝意を表わしておきたい。

　文末になったが版元の小宮秀之さん、編集部の皆さんに謝意を表して結びとしたい。

2019年初春　　　いのうえ・こーいち

「ハルツ狭軌鉄道」を走るマレー式蒸気機関車、99 5902。
撮影：百瀬昌俊

著者プロフィール
■ いのうえ・こーいち　（Koichi-INOUYE）

岡山県生まれ、東京育ち。幼少の頃よりのりものに大きな興味を持ち、鉄道は趣味として楽しみつつ、クルマ雑誌、書籍の制作を中心に執筆活動、撮影活動をつづける。近年は鉄道関係の著作も多く、月刊「鉄道模型趣味」誌、自動車誌に連載中。主な著作に「C62 2ファイナル」「図説電気機関車全史」（メディアパル）、「図説蒸気機関車全史」（JTBパブリッシング）、「名車を生む力」（二玄社）、「ぼくの好きな時代、ぼくの好きなクルマたち」「C 62／団塊の蒸気機関車」（エイ出版）、「フェラーリ、macchina della quadro」（ソニー・マガジンズ）など多数。また、週刊「C62をつくる」「D51をつくる」（デアゴスティーニ）の制作、「世界の名車」、「ハーレーダビッドソン完全大図鑑」（講談社）の翻訳も手がける。
（株）いのうえ事務所、日本写真家協会、日本写真作家協会会員。
連絡先：mail@ 趣味人.com

著者近影

クレジット；p020、p039、p042-045、p084、p087、p091、p095、p100、p108、p113、p114など、写真の一部は同行したイノウエアキコ撮影。

「世界の狭軌鉄道」05
モーリイ鉄道とドイツの狭軌鉄道

発行日　2019年2月1日
　　　　初版第1刷発行

著　者　いのうえ・こーいち
発行人　小宮秀之
発行所　株式会社メディアパル
〒162-8710　東京都新宿区東五軒町6-24
　　　　TEL 03-5261-1171
　　　　FAX 03-3235-4645

印刷・製本　図書印刷株式会社

© Koichi-Inouye 2019

ISBN 978-4-8021-1029-7　C0065

© Mediapal 2019　　Printed in Japan

◎定価はカバーに表示してあります。造本には充分注意していおりますが、万が一、落丁・乱丁などの不備がございましたら、お手数ですが、メディアパルまでお送りください。送料は弊社負担でお取替えいたします。

◎本書の無断複写（コピー）は、著作権法上での例外を除き禁じられております。また代行業者に依頼してスキャンやデジタル化を行なうことは、たとえ個人や家庭内での利用を目的とする場合でも著作権法違反です。